BEI GRIN MACHT SICH IHR WISSEN BEZAHLT

- Wir veröffentlichen Ihre Hausarbeit, Bachelor- und Masterarbeit
- Ihr eigenes eBook und Buch - weltweit in allen wichtigen Shops
- Verdienen Sie an jedem Verkauf

Jetzt bei www.GRIN.com hochladen und kostenlos publizieren

Bibliografische Information der Deutschen Nationalbibliothek:

Die Deutsche Bibliothek verzeichnet diese Publikation in der Deutschen Nationalbibliografie; detaillierte bibliografische Daten sind im Internet über http://dnb.d-nb.de/ abrufbar.

Dieses Werk sowie alle darin enthaltenen einzelnen Beiträge und Abbildungen sind urheberrechtlich geschützt. Jede Verwertung, die nicht ausdrücklich vom Urheberrechtsschutz zugelassen ist, bedarf der vorherigen Zustimmung des Verlages. Das gilt insbesondere für Vervielfältigungen, Bearbeitungen, Übersetzungen, Mikroverfilmungen, Auswertungen durch Datenbanken und für die Einspeicherung und Verarbeitung in elektronische Systeme. Alle Rechte, auch die des auszugsweisen Nachdrucks, der fotomechanischen Wiedergabe (einschließlich Mikrokopie) sowie der Auswertung durch Datenbanken oder ähnliche Einrichtungen, vorbehalten.

Impressum:

Copyright © 2016 GRIN Verlag
Druck und Bindung: Books on Demand GmbH, Norderstedt Germany
ISBN: 9783668750005

Dieses Buch bei GRIN:

https://www.grin.com/document/432649

Gabriel Rost

Analyse von Takashi Miikes Film "Audition"

GRIN Verlag

GRIN - Your knowledge has value

Der GRIN Verlag publiziert seit 1998 wissenschaftliche Arbeiten von Studenten, Hochschullehrern und anderen Akademikern als eBook und gedrucktes Buch. Die Verlagswebsite www.grin.com ist die ideale Plattform zur Veröffentlichung von Hausarbeiten, Abschlussarbeiten, wissenschaftlichen Aufsätzen, Dissertationen und Fachbüchern.

Besuchen Sie uns im Internet:

http://www.grin.com/

http://www.facebook.com/grincom

http://www.twitter.com/grin_com

Ein Mann liegt gelähmt auf dem Boden, in seinem Bauch und unter seinen Augen stecken Akupunkturnadeln und ein Fuß wurde ihm mittels eines Drahtes abgetrennt. Ihm gegenüber, am Fuß der Treppe seines Hauses, liegt eine Frau mit gebrochenem Genick, die ihn unverwandt anstarrt. Mit dieser erschütternden Situation endete der Film „Audition" (Originaltitel: Ōdishon) des japanischen Regisseurs Takashi Miike. Dabei hatte er noch vollkommen harmlos begonnen.

In diesem Werk aus dem Jahr 1999 thematisierte Miike das Geschlechterverhältnis in seinem Heimatland Japan, mit den Mitteln des Dramas, des Thrillers und nicht zuletzt des Horrorfilms. „Audition", welcher auf dem gleichnamigen Roman von Ryū Murakami (1997; dt. „Das Casting") basiert, dürfte bis heute der bekannteste Film des Regisseurs sein, mit dem er sich einen Ruf als Skandalregisseur erwarb, ihm aber auch, zusammen mit dem Gangsterfilm „Dead Or Alive" (OT: „Dead or Alive: Hanzaisha") aus demselben Jahr, sowie der besonders kontrovers aufgenommenen Manga-Adaption „Ichi The Killer" (OT: „Koroshiya Ichi") aus dem Jahr 2001, zu seinem internationalen Durchbruch verhalf.

Der Film erzählt, wie auch der Roman, die Geschichte des Dokumentarfilmers Shigeharu Aoyama (dargestellt vom in Japan bekannten Rocksänger und Schauspieler Ryō Ishibashi), dessen Frau an einer Krankheit stirbt, als sein Sohn noch ein Kleinkind ist. Sieben Jahre später drängt ihn der betreffende Sohn Shigehiko, der sich mittlerweile in der Pubertät befindet, erneut zu heiraten. Shigeharu fasst schließlich diesen Entschluss und teilt ihn seinem Freund und Kollegen Yoshikawa mit, welcher vorschlägt, dass sie ein fingiertes Casting (die titelgebende Audition) zu einem Film veranstalten könnten, bei dem Aoyama aus den Bewerberinnen seine Traumfrau wählen würde. Anfangs aufgrund von Gewissensbissen zögern, lässt sich Aoyama letztlich doch darauf ein. Seine Wahl fällt dabei schon vor dem eigentlichen Termin auf die unscheinbare Asami Yamazaki (dargestellt von Eihi Shiina), deren in ihrem Bewerbungsbogen geschilderte Lebensgeschichte als gescheiterte Balletttänzerin ihn sofort fasziniert. Beim Vorsprechen verliebt er sich dann endgültig in sie.

Dieses Vorsprechen ist die zentrale Szenerie des Films, in welcher Miikes Kritik am vorherrschenden Geschlechterbild seines Heimatlandes deutlich wird. Yoshikawa und Aoyama sitzen rauchend und Kaffee trinkend an einem Tisch in einem kahlen weißen Raum, ihnen gegenüber nehmen die aus den Tausenden Bewerberinnen für die Audition ausgewählten Frauen auf einem Metallstuhl Platz. Die Frauen sind den Blicken der Männer ausgeliefert, entblößen sich vor ihnen (einige sogar wortwörtlich) und werden im Grunde zu Objekten degradiert. Dies wird durch Schnitt, Kameraarbeit und Musik unterstrichen: die Männer sieht man in Nahaufnahme, die Frauen dagegen in der Halbtotalen. Damit nimmt die Kamera die Perspektive der Männer ein.[1] Yoshikawa stellt dazu indiskrete und sehr private Fragen oder erteilt Kommandos an die Frauen, welchen diese sich fügen. Geschnitten ist diese Sequenz im Schuss-Gegenschuss-Prinzip und dazu ziemlich hektisch und nicht in chronologischer Reihenfolge. So antwortet beispielsweise eine Frau auf eine Frage, die einer anderen gestellt wurde. Damit wird ihre Austauschbarkeit in den Augen der beiden Produzenten verdeutlicht. Die Sequenz ist dabei mit einem flotten musikalischen Thema unterlegt, das ihr einen komödiantischen Anschein verpasst und die für die Frauen demütigende Situation noch verharmlost. Dies entspricht der Haltung der Männer, welche sich die teilweise ungeschickt anstellenden Kandidatinnen noch amüsieren. Dabei spielen sie mit den Träumen der Frauen, nur um eine passende Partnerin für Aoyama zu finden. Die Sequenz wie auch den kompletten Film könnte man neben dieser Kritik am in der Gesellschaft allgegenwärtigen Sexismus auch als zynischen Kommentar zu den in den japanischen Medien allgegenwärtigen Castingshows und -gruppen, in deren Blütezeit die Produktion und Veröffentlichung des Films fiel, betrachten. Miike kritisiert somit auch die Casting-Industrie, welche „Menschen zu schnell verkäuflichen Waren

---

[1] Vgl. Scherer, Elisabeth: Spuk der Frauenseele. Weibliche Geister im japanischen Film und ihre kulturhistorischen Ursprünge. Bielefeld: transcript Verlag 2011. S. 241

macht".[2] Dies wird sogar in einem Dialog deutlich, den Yoshikawa und Aoyama vor dem Vorsprechen führen, als letzterer aus den vielen zugesandten Bewerbungsbögen eine geringere Anzahl an passenden Kandidatinnen heraussuchen soll und meint, er „fühle sich wie beim Autokauf".
Mit dem ersten Auftritt Asamis wird die Situation urplötzlich in ihr Gegenteil verkehrt. Die Musik ist nicht mehr zu hören, statt schnellen Schnitten gibt es lange Einstellungen und auch die Kameraperspektive hat sich verändert: nun werden die Männer, vor allem Aoyama, anstelle der Frau ins Visier genommen. An Aoyama wird dabei langsam herangezoomt, während Asami auf Yoshikawas Fragen knapp und sachlich antwortet. Er, der sich zuvor aus den Gesprächen mit den Frauen heraushielt, verfällt nun in einen Monolog, in dem er Asami für ihr Durchhaltevermögen lobt. Wieder wird die Schuss-Gegenschuss-Methode eingesetzt, diesmal sind Mann und Frau aber beide in Nahaufnahme zu sehen. Dabei ist es offensichtlich Asami, welche die Kontrolle über die Situation hat. Die Rollenverteilung in der Casting-Situation wird somit dekonstruiert.[3]
Aoyama scheint in Asami nun die ideale Partnerin gefunden zu haben. Trotz Yoshikawas Vorbehalten, der auf eigenartige Widersprüche in ihrem Lebenslauf gestoßen ist und dem sie schon während des Vorsprechens unheimlich war, ruft er sie schon bald darauf an und trifft sich mit ihr. War der Film bis dahin eher wie ein Liebesdrama mit erwähnten kurzen komödiantischen Momenten inszeniert, so beginnen ab der Szene, in der Aoyama nach ihrem ersten Treffen zum zweiten Mal bei Asami anruft und die bei etwa 40 Minuten datiert, langsam Horrorelemente aufzutreten, welche sich im weiteren Verlauf häufen werden.
Ab diesem Zeitpunkt wird der Zuschauer darüber gewahr, dass irgendetwas mit der schönen Asami nicht stimmt. Yoshikawa warnt Aoyama, rät ihm, nichts zu überstürzen und ringt ihm das Versprechen ab, sie nicht anzurufen, sondern stattdessen auf ihren Anruf zu warten. Zu Hause scheint er versucht, sie dennoch anzurufen, überlegt es sich dann aber anders und legt sich schlafen. Parallel zu ihm wird nun Asami geschnitten, die man in ihrer spärlich eingerichteten Wohnung auf dem Boden hocken sieht. Ihre langen schwarzen Haare hängen ihr ins Gesicht, das sie starr auf ihr Telefon gerichtet hat. Offensichtlich tut sie nichts anderes, als auf seinen Anruf zu warten. Am nächsten Tag sieht man ihn kurz nach Feierabend in seinem Büro sitzen, wo er, nachdem er eine Kollegin verabschiedete, sehr mit sich ringt. In einer interessant gestalteten Parallelmontage wird sein zur damaligen Zeit modernes Tastentelefon gegen Asamis altmodisches schwarzes Wählscheibentelefon geschnitten. Hier prallen offensichtlich zwei Welten aufeinander: Aoyama ist an seine Zeit angepasst, wogegen Asami in der Vergangenheit zu leben scheint, was auch ihr traditionell eingerichtetes Tatami-Zimmer zeigt.[4] Nun zeigt die Kamera einen Blick auf ihren Nacken aus der Vogelperspektive und anschließend einen Gesamteinblick in ihr Zimmer. Sie hockt nach wie vor völlig teilnahmslos auf dem Boden und hat den Blick nach unten gerichtet, während ihre Haare ihr Gesicht völlig verdecken. Aoyama schickt sich nun nach langem Überlegen an, sein Büro zu verlassen, wobei ihm die Kamera folgt, bleibt jedoch im letzten Moment stehen und macht kehrt. Als er bei ihr anruft, sieht man Asami von Nahem, die beim Schrillen des Telefons langsam den Kopf hebt, wobei sich ein Lächeln auf ihrem Gesicht abzeichnet, ihr Blick jedoch starr bleibt. Sie lässt ihn anscheinend absichtlich lange warten, meldet sich am Telefon dann jedoch mit lieblicher Stimme und tut überrascht. Während das Telefon noch klingelte, gab ein zusammengeschnürter Sack, der in ihrem Zimmer liegt, urplötzlich ein merkwürdiges Geräusch von sich und rollte durch den Raum. Ein vollkommen unerwartet auftretender Schock, der den Zuschauer unvorbereitet trifft, dessen Konsequenzen jedoch zunächst ausbleiben. Ein Genrewechsel findet noch nicht statt, vielmehr wird der ruhige, melancholische Ton des Films zunächst beibehalten und nur vereinzelte Schockmo-

---

[2] Ebd. S. 238
[3] Ebd. S. 243
[4] Ebd. S. 247

mente eingestreut, die diesen ersten Schock aufgreifen und langsam die narrative Logik des Films aufbrechen. Miike führt hier somit eine „Ästhetik des Schocks" ein.[5]
Was sich in der Szene noch zeigte, ist eine Anlehnung an Geisterfilme, vor allem der 60er Jahre, die sich aus in der Edo-Zeit (1603-1868) entstandenen Geschichten speiste. Asamis eigentümliches Verhalten erinnert an die Geisterfrauen dieser Geschichten, welche als Ausgestoßene der Gesellschaft in einem Zwischenreich dahinvegetieren und weder den Lebenden noch den Toten wirklich zugehörig sind.[6] Auch optisch sind die Ähnlichkeiten nicht von der Hand zu weisen: ihre schlichte, weiße Kleidung, die in starkem Kontrast zu ihren schwarzen Haaren steht, lässt sie ebenfalls wie einen Geist erscheinen – was übrigens in der Romanvorlage nicht vorkam und entweder eine Idee Miikes oder seines Drehbuchautoren Daisuke Tengan, dem Sohn des japanischen Nouvelle-Vague-Regisseurs Shōhei Imamura, welcher Miike erst ins Filmgeschäft einführte, war. Zwar bestritt Miike, dass „Audition" ein Horrorfilm sei, die ästhetische und auch inhaltliche Anlehnung an die Geistergeschichten ist dennoch unverkennbar. Inhaltlich tritt der Bezug dadurch zustande, dass man als Zuschauer dem Hauptcharakter Wissen über das drohende Unheil voraus hat. Damit nimmt der Film eine ähnliche Wendung wie viele Erzählungen, in denen sich ein Mann in eine Geisterfrau verliebt. Als Zuschauer übernimmt man die Rolle eines Freundes, Familienmitgliedes oder Bekannten des Protagonisten, der die wahre Gestalt der Verführerin erblickt und ihn warnt – mit dem Unterschied freilich, dass man selbst ihn nicht warnen kann.[7] Mit Yoshikawa ist zwar durchaus eine gewisse Gegenkraft vorhanden, dem bleibt Asamis wahre Natur aber ebenfalls verborgen und auf Aoyama ist sein Einfluss nur gering bzw. wendet sich dieser letztlich sogar von ihm ab.
Wie erwähnt behält der Film zunächst seinen melancholischen Ton bei. Aoyama und Asami treffen sich nun ein zweites Mal, vertrauen sich mehr voneinander an und verlieben sich anscheinend auch stärker in den anderen. Wobei auch hier wieder unheimliche Elemente auftauchen, diesmal in Form irritierender Jump-Cuts. Die beiden sind zunächst in einem gut besuchten Lokal zu sehen und tauschen sich über ihre Familien aus, wobei zwischen verschiedenen Kameraperspektiven hin- und hergeschnitten wird. Als Aoyama das Gespräch auf den Film lenkt, für den das Casting veranstaltet wurde und ihr offenbart, dass dieser womöglich nicht gedreht werden könne, ist das Lokal plötzlich leer, was aber keinem der beiden auffällt. Anscheinend ist vor dem Themenwechsel eine Menge Zeit vergangen. Während sie ihr Gespräch weiterführen, findet ein erneuter Jump-Cut statt. Nun befinden sie sich in einem noblen Restaurant mit roten Wänden, in dem sie aber wesentlich isolierter als zuvor im Lokal von den anderen Gästen sitzen. Der Gesprächsfaden wird dabei nahtlos weitergeführt, zudem ist im Hintergrund ein ruhiges Klavierthema zu hören, das im Film auch später im Zusammenhang mit Asami noch zu hören ist.
Aoyama und Asami begeben sich bald auf eine Urlaubsreise, bei der Aoyama vorhat, ihr einen Heiratsantrag zu machen. Als sie in ihrem Hotelzimmer angekommen sind, versucht der nervöse Aoyama zunächst, Vorschläge für die Gestaltung des weiteren Urlaubstages zu liefern. Asami ignoriert dies jedoch, entkleidet sich schweigend und legt sich ins Bett. Dabei zeigt sie ihm Narben an ihrem Oberschenkel und offenbart ihm, dass sie sich diese selbst zugefügt habe. Er solle alles über sie wissen. Aoyama entkleidet sich nun ebenfalls und legt sich zu ihr – und es kommt zu einem weiteren überraschenden harten Schnitt. Anstelle einer Liebesszene zwischen den beiden sieht man Aoyama, der verwirrt alleine im Hotelzimmer erwacht. Die ruckartige Bewegung des Bettlakens, die man bei diesem Szenenübergang sieht, verweist dabei auf den ersten Schockmoment, wobei diese Verbindung allein durch die körperliche Erinnerung des Zuschauers zustande kommt. Diese erste Wiederholung des zentralen Schockmoments dient dabei als Ausgangspunkt der narrativen

---

[5] Vgl. Morsch, Thomas: Zur Ästhetik des Schocks. In: Medienästhetik des Films. Verkörperte Wahrnehmung und ästhetische Erfahrung im Kino. Hrsg. von Thomas Morsch. München: Wilhelm Fink Verlag 2008, S. 244
[6] Vgl. Scherer, Elisabeth: Spuk der Frauenseele. Bielefeld: transcript Verlag 2011. S. 247
[7] Ebd. S. 248

Desintegration und zunehmenden Verrätselung des Films, die nun, nach einer Laufzeit von etwa einer Stunde, die zweite Hälfte des Films bestimmt. Aoyama begibt sich nun auf die Suche nach Asami und bricht dabei mit Yoshikawa, der ihn verärgert, als Aoyama bei ihm Hilfe holen will. Zuerst begibt er sich zur Adresse von Asamis Ballettschule, die sie ihm genannt hatte, findet dort jedoch nur ihren alten Lehrer vor, dem seine Füße fehlen und der, wie sich später herausstellt, ihr Stiefvater ist. Das Bild in dieser Szene ist von einem starken Braunstich geprägt und es werden ungewöhnliche Kameraperspektiven eingesetzt. Beispielsweise blickt man von oben in einen Korb, der in der Ecke steht, in dem Räucherstäbchen brennen, was eine spätere Enthüllung vorwegnimmt. Anstatt auf Aoyamas Fragen zu antworten, fragt der Lehrer ihn selbst nach seiner Beziehung zu Asami und befielt ihm dann, zu gehen. Als Nächstes sucht Aoyama die Bar auf, in der Asami angeblich arbeitet, trifft dort jedoch nur einen Anwohner an, der ihm erklärt, dass die Bar schon seit über einem Jahr geschlossen habe, weil die Besitzerin ermordet worden war. Ihre Leiche fand man zerstückelt vor, allerdings waren drei Finger, ein Ohr und eine Zunge übrig geblieben, als man sie wieder zusammensetzte. Als Aoyama zur Bar herunterblickt, sieht er vor seinem inneren Auge diese Körperteile auf dem Boden liegen und weicht entsetzt zurück. Die Horrorelemente drängen nun immer mehr in die Erzählung.

Dies zeigt sich auch in der folgenden Szene, bei der man sieht, wie Aoyamas Haushälterin sein Haus verlässt und danach eine Person, deren Identität zunächst nicht gelüftet wird, in dieses eindringt. Letzteres ist als extreme Point-of-View-Sequenz, die mit einer Handkamera gefilmt wurde, im Film realisiert worden. Dieser sogenannte „unclaimed point-of-view shot", bei dem man als Zuschauer nicht weiß, aus wessen Perspektive man das Geschehen verfolgt, ist ein typisches Element des Horrorfilms.[8] Die fremde Person entdeckt ein Foto von Aoyama und seiner Frau, stürmt danach, anscheinend rasend geworden, durchs Haus und fixiert eine Whiskeyflasche an. Wie sich später herausstellt, handelt es sich bei dieser Person um Asami.

Aoyama kommt nun resigniert zuhause an und nimmt etwas vom Whiskey zu sich. Dieser wurde mit einem lähmenden Mittel versetzt, das schon bald seine Wirkung zeigt. Aoyama verliert die Kontrolle über seinen Körper, doch bevor er auf dem Boden aufschlägt, beginnt eine vollkommen surreale Abfolge von Szenen, die fast sämtliche vorhergehenden Geschehnisse in einen anderen Zusammenhang stellt. So ist beispielsweise erneut das zweite Date von Aoyama und Asami zu sehen, diesmal verläuft ihr Gespräch jedoch völlig anders. Bei der Restaurantszene ist plötzlich auch Aoyamas verstorbene Frau anwesend, die mit ihrem Sohn als Kleinkind und dessen Freundin an einem benachbarten Tisch sitzt und ihrem Mann eindringlich sagt, dass er Asami nicht wählen solle. Dann findet sich Aoyama in Asamis Zimmer wieder, wo ihm Asami eindeutige Avancen macht, sich dann jedoch plötzlich in seine Kollegin verwandelt, deren Verhalten in den Büroszenen der ersten Hälfte des Films darauf schließen ließ, dass sie in Aoyama verliebt war, dieser sie jedoch auf Abstand hielt bzw. ihre Empfindungen ihm gegenüber nicht einmal zu bemerken schien. Danach wird sie zur minderjährigen Freundin seines Sohnes, die ihn noch leichter bedrängt. Als er vor ihr zurückweicht, stolpert er über den Sack aus Asamis Zimmer, dessen Inhalt nun gelüftet wird: aus ihm kriecht ein stöhnender nackter Mann, dem die Füße, ein Ohr, drei Finger und die Zunge amputiert wurden. Aoyama weicht entsetzt, auch angesichts des Gestanks des Mannes, vor ihm zurück und hört, wie sich hinter ihm Asami in einen Hundenapf erbricht, den sie dem Mann vorsetzt, welcher sich gierig über den Inhalt des Napfes hermacht. Miike überführt die Ästhetik des Schocks somit in eine Ästhetik des Ekels.[9]

---

[8] Vgl. Scherer, Elisabeth: „The hole that leads to hell". Monströse Weiblichkeit in Filmen von Takashi Miike. In: FILM-Konzepte 34: Takashi Miike. Hrsg. von Tanja Prokić. München: Richard-Boorberg-Verlag 2014, S. 54
[9] Vgl. Morsch, Thomas: Zur Ästhetik des Schocks. In: Medienästhetik des Films. Hrsg. von Thomas Morsch. München: Wilhelm Fink Verlag 2008, S. 247

Weiterhin erfährt man in dieser surrealen Sequenz, dass Asami als Kind von ihrem Stiefvater missbraucht wurde und dieser ihre Narben mit Räucherstäbchen in ihr Bein einbrannte. Aoyama wird dabei auch Zeuge ihrer Rache: sie tritt in der Ballettschule (das Bild weist nun einen deutlichen Blaustich auf) hinter ihren Stiefvater, der am Klavier musiziert und legt ihm einen Draht um den Hals, mit dem sie ihm den Kopf abtrennt. Dies nimmt den Folterexzess am Ende des Films vorweg. Die surrealen Szenen, in denen frühere Ereignisse verfremdet dargestellt werden (beispielsweise sieht man Aoyama als Kandidat des Castings und seine Haushälterin beim Geschlechtsverkehr auf seiner Treppe) werden immer schneller geschnitten, um mit dem herabfallenden Kopf des Ballettlehrers zu enden, der parallel zum Aufschlagen des gelähmten Aoyamas auf dem Boden montiert ist. Diese etwa dreizehnminütige surreale Rückblendesequenz wird oft als Ausbruch von Aoyamas Unterbewusstsein angesichts der drohenden Gefahr interpretiert, jedoch scheint es sich eher um die „brodelnde Substanz zu handeln, die allen vorhergehenden Ereignissen zugrunde lag und die in den Abgründen aller beteiligten Personen zu finden ist": es „überlagern sich Aoyamas fleischgewordene sexuelle Fantasien mit Asamis Schmerz und Lust an fremdem Leid, mit der Enttäuschung der verblühten Sekretärin, dem Sadismus des gelähmten Ballettlehrers und der Erinnerung an die verstorbene Ehefrau".[10] Gleichzeitig dient diese Sequenz wohl auch dazu, eine zumindest in Ansätzen nachvollziehbare Begründung für Asamis grausames Handeln im letzten Akt des Films zu liefern.

Diese letzten zwanzig Minuten sind auch der Teil des Films, auf den dieser am häufigsten reduziert wird und die zu seiner generellen Zuordnung zum Horrorgenre beitragen. Asami taucht nun vor Aoyamas Augen auf, legt eine Schlachterschürze aus schwarzem Leder mit dazu passenden Handschuhen an und beginnt, ihn auf besonders sadistische Weise zu foltern: sie sticht zuerst mit einer Spritze in seine Zunge, dann bohrt sie lange Akupunkturnadeln in seinen Bauch und unter seine Augen, um ihm schließlich mit dem Draht, mit dem sie schon ihren Stiefvater geköpft hatte, einen Fuß abzutrennen. Diese Szene wirkt vor allem durch die Art ihrer Darstellung verstörend auf den Zuschauer. Asami geht bei den Vorbereitungen für die Folter sehr fachmännisch und routiniert vor, als wäre es eine vollkommen alltägliche Tätigkeit (die sie ja offensichtlich auch zuvor schon mehrmals ausübte; der Mord an der Besitzerin der Bar und die Verstümmelung des Mannes aus dem Sack gehen anscheinend auf ihr Konto). Gleichzeitig besteht auch ein krasser Gegensatz zur Grausamkeit ihrer Taten und ihren geradezu zärtlichen Äußerungen, die sie dabei macht. Während sie die Nadeln in Aoyamas Bauch bohrt, verfällt sie in einen kindlichen Singsang, so, als würde sie ihn nur kitzeln (was übrigens, wie Miike betonte, die Idee der Darstellerin Eihi Shiina war). Ihre geflüsterte, hohe Stimme, mit der sie sich beim Vorsprechen vorstellte und die sie auch während der Folter beibehält, steigert nicht nur die verstörende Wirkung, sondern ist auch ein weiterer Aspekt der Dekonstruktion von Geschlechterstereotypen, die im Film betrieben wird. In Japan „gilt es als besonders feminin und gebildet, mit hoher Stimmlage zu sprechen", woraufhin Aoyama zu Beginn hereinfällt, da er Asami für „eine gebildete und kultivierte Frau zu halten scheint, die aus sozial gesichertem Umfeld stammt".[11] Asamis kultiviertes, altmodisches und aristokratisches Verhalten lässt sie für Aoyama als Idealtypus einer Ehefrau erscheinen, auch wenn es aus der Zeit gefallen zu sein scheint. Sie wirkt auf ihn wie sein wahr gewordener Wunschtraum einer perfekten Frau – und offenbart sich ihm als sein schlimmster Albtraum. Miike treibt so „Genderstereotype des klassischen wie des modernen Japan auf die Spitze und spielt sie in einem zwischengeschlechtlichen Endspiel gegeneinander aus".[12]

---

[10] Vgl. Scherer, Elisabeth: Spuk der Frauenseele. Bielefeld: transcript Verlag 2011. S. 253
[11] Vgl. Stiglegger, Marcus: Letales Flüstern. Geschlechterkrieg als Duell der Stimmen in dem Psychothriller AUDITION. In: FILM-Konzepte 34: Takashi Miike. Hrsg. von Tanja Prokić. München: Richard-Boorberg-Verlag 2014. S. 67
[12] Ebd. S. 71

Gleichzeitig wird im brutalen Schlussakt auch erneut auf Gespenstergeschichten, diesmal jedoch modernere, wie sie im Ende der 90er einsetzenden „J-Horror", zu dessen Höhepunkt der Film veröffentlicht und als solcher er auch in Japan vermarktet wurde, verwiesen. Die Geisterfilme der späten 90er und zu Beginn des neuen Jahrtausends waren von einem radikalen Nihilismus geprägt, der auch hier auftritt. Asami wurde wie Sadako, das Geistermädchen aus der „Ringu"-Filmreihe, um ihre Kindheit gebracht und ihr Hass richtet sich nicht allein gegen die Verursacher ihres Leids, sondern die Gesellschaft als Ganzes, welche Frauen zu Objekten macht, an denen man sich nach Belieben bedienen kann.[13] Man kann sie daher ebenso als „yurei", einen weiblichen Rachegeist sehen – mit dem Unterschied freilich, dass sie noch am Leben ist. So werden die Motive der „traditionellen patriarchalisch geprägten kaidan, in denen Frauen nur als Geister zu ihrem Recht gelangen können", postmodern umgedeutet.[14]

Aoyama hat sich zwar nur „im Kleinen schuldig gemacht", indem er die „Dominanzsituation des Vorsprechens ausnutzte, um sich eine Frau zu wählen"[15] und, wie in der Traumsequenz angedeutet wurde, auch ein kurzes Verhältnis mit seiner Kollegin hatte, diesem jedoch, im Gegensatz zu ihr, danach keine Bedeutung mehr beimaß. Dies widerspricht jedoch Asamis krankhaftem Verlangen nach bedingungsloser Liebe. Auch richtet sich ihr brutales Vorgehen gegen das reaktionäre, nicht mehr zeitgemäße Familien- und Frauenbild, das er vertritt und als dessen Verkörperung sie anfangs erschien. Allerdings bleibt eine gewisse Ambivalenz: Aoyama empfindet durchaus ein schlechtes Gewissen angesichts des fingierten Vorsprechens und wird zudem als fürsorglicher Familienvater gezeigt. Asami betrachtet jedoch sogar die väterliche Liebe zu seinem Sohn als schändlich. Das eigentliche Mitleid gilt somit, trotz Asamis erschütternder Vergangenheit, ihm.[16]

Dies zeigt sich auch in der Inszenierung der Szene: als Asami die Nadeln in Aoyamas Bauch bohrt, wird dies nur bei den ersten zwei direkt gezeigt, wobei die Kamera zwischen einer neutralen Sicht, dem Blickwinkel Aoyamas und dem Asamis wechselt. Während sie seinen Bauch mit den restlichen Nadeln spickt und dabei ihr Credo „Worte erzeugen Lügen, Schmerz kann man vertrauen" formuliert, blickt die Kamera über ihre Schulter, wobei der eigentliche Akt nicht zu sehen ist, da Asamis Rücken die Sicht verdeckt. Aoyamas schmerzverzerrtes Gesicht ist aber durchaus erkennbar. Als Asami dann Nadeln unter Aoyamas Augen bohrt, ist dies aus seiner Perspektive dargestellt. „Durch die extrem subjektive Einstellung, in der Asamis Gesicht von unten zu sehen ist und die Nadel zwischen ihren Fingern der Kamera immer näher kommt, durchleidet der Zuschauer das Martyrium an Aoyamas Stelle".[17] Auf ähnliche Weise wird auch das Abtrennen des Fußes visualisiert. Hier wird zwischen kurzen Ansichten des eigentlichen Aktes, Asami aus Aoyamas Perspektive, die mit kindlichem Vergnügen die Enden des Drahtes vor- und zurückzieht und Rückblenden zu Asami als Kind, die Ballett tanzt, und ihrem Stiefvater, der im Rollstuhl sitzt und masturbiert, hin- und hergeschnitten. Miike arbeitet hier mehr mit Andeutungen, das grausige Geschehen wird nicht in letzter Konsequenz ausgespielt. Gerade dadurch verstärkt sich jedoch nur die verstörende Wirkung, da sich der eigentliche Horror so im Kopf des Zuschauers abspielt. „Audition" steht somit in der Tradition von Filmen des Terrorkinos wie dem originalen „Texas Chainsaw Massacre" oder Werken, die über Gewalt reflektieren, wie „Clockwork Orange" oder „Funny Games".

Als sich Asami anschickt, auch Aoyamas zweiten Fuß abzutrennen, wird sie von seinem Sohn unterbrochen, der unerwartet nach Hause kommt. In dem Moment, wo sie ihn ebenfalls zu überwältigen droht, wird die Handlung durch einen abrupten Twist ein weiteres Mal über den Haufen gewor-

---

[13] Vgl. Scherer, Elisabeth: Spuk der Frauenseele. Bielefeld: transcript Verlag 2011. S. 254
[14] Ebd. S. 255
[15] Ebd. S. 254
[16] Vgl. Stiglegger, Marcus: Letales Flüstern. In: FILM-Konzepte 34: Takashi Miike. Hrsg. von Tanja Prokić. München: Richard-Boorberg-Verlag 2014. S. 67
[17] Vgl. Scherer, Elisabeth: Spuk der Frauenseele. Bielefeld: transcript Verlag 2011. S. 250

fen: Aoyama erwacht im Hotelzimmer neben der schlafenden Asami. Nachdem sie ebenfalls erwacht ist, sagt sie ihm, dass sie seinen Antrag annehmen werde. Glücklich schließt er wieder die Augen – um wieder Asamis Singsang zu hören und sich erneut verstümmelt und gelähmt auf dem Fußboden seines Hauses wiederzufinden. Shigehiko bemerkt Asami, die ihn mit einem wohl vergifteten Spray besprüht. Dieses scheint jedoch vorerst keine Wirkung zu haben. Er ergreift die Flucht und wird von ihr die Treppe hinauf verfolgt, von der er sie jedoch herunter tritt, wodurch sie hart aufschlägt und sich das Genick bricht. Aoyama befiehlt seinem Sohn, die Polizei zu rufen. Während dieser dem nachkommt, wendet sich Aoyama Asami zu, die ihn unverwandt anstarrt und die Worte wiederholt, welche sie bei ihrem ersten Treffen an ihn richtete. Danach scheint sie zu sterben. Das letzte Bild des Films zeigt sie als Kind, während sie sich ihre Ballettschuhe zubindet.

Die abschließende Wendung wird oft so interpretiert, dass sämtliche Geschehnisse des zweiten Akts ab Aoyamas erstem Erwachen im Hotelzimmer nur einen Traum von diesem darstellen, in den er seine Schuldgefühle projizierte. Allerdings greift diese Sichtweise zu kurz, da sie sich nur auf die Perspektive des Mannes festlegt und zudem die Anklänge an den Geisterfilm mitsamt den Andeutungen über Asamis Geisteszustand, die ja schon vor dem Wendepunkt auftauchen, außer Acht lässt. Zudem ist die Rückblende zur Hotelszene in ihrer Beleuchtung und auch Asamis Wortwahl etwas kitschig geraten und erscheint daher unwirklich. Genauso gut ist es also auch möglich, dass diese Szene nur die Wunschvorstellung Aoyamas darstellt, der die grausige Wirklichkeit nicht wahrhaben will. Somit könnten auch die surrealen, angeblichen Traumszenen näher an der Wahrheit dran sein als die Geschehnisse der ersten Hälfte. Fest steht, dass der Film keine eindeutige Zuordnung bezüglich der verschiedenen Realitätsebenen trifft und die endgültige Interpretation jedem Zuschauer selbst überlassen bleibt.

In der Schlussszene gibt Miike jedenfalls dem Geschlechterkrieg noch eine bittere, nihilistische Pointe: Gewinner und Verlierer gibt es nicht, am Ende liegen nur zwei schwer Verwundete auf dem Boden. Die revoltierende, von der Gesellschaft ausgestoßene Frau durchschaute zwar die Methoden der älteren Generation, die jüngere wurde ihr jedoch zum Verhängnis. Als Botschaft könnte man daraus lesen, dass die Gesellschaft von überalterten Geschlechtsvorstellungen wegkommen und die Elterngeneration die ihr nachfolgende nicht in vorgeschriebene Bahnen pressen sollte. Dementsprechend endet der Film auch mit einem Bild erhaltenswerter kindlicher Unschuld. Aber auch dies ist nur eine mögliche Lesart.

„Audition" hatte jedenfalls einen großen Einfluss auf die Karrieren der Beteiligten. Vor allem dank diesem Film wurde Takashi Miike als Horrorregisseur wahrgenommen (obwohl diese Filme nur einen Bruchteil seines Schaffens ausmachen und er, wie erwähnt, „Audition" auch nicht als Horrorfilm betrachtet). Sein Bekanntheitsgrad erhöhte sich, wodurch er später auch höher budgetierte, zunehmend erfolgreiche Filme drehen konnte. Mit den Filmen „One Missed Call" (2003), „Box" (Bestandteil des Episodenfilms „Three… Extremes"; 2004), „Imprint" (Episode der amerikanischen TV-Serie „Masters Of Horror"; 2006) und „Over Your Dead Body" (2014) sollte er sich später auch nicht dem Horrorgenre zuwenden und auch in diesen Werken das Geschlechterverhältnis betrachten. Die beiden Hauptdarsteller waren ebenfalls anschließend in Horrorfilmen zu sehen, Ryō Ishibashi sogar in internationalen Produktionen („The Grudge", dem amerikanischen Remake des japanischen „Ju-On" und „Dream Cruise", einer weiteren „Masters Of Horror"-Episode, in diesem Fall vom Regisseur Norio Tsuruta; beides Werke, in denen tatsächlich langhaarige Geisterfrauen auftreten). Eihi Shiina wurde durch ihre Rolle gar zur Horrorikone, trat danach jedoch hauptsächlich in Werken des Subgenres des Splatterfilms auf, bevorzugt unter der Regie des Effektspezialisten Yoshihiro Nishimura, wahlweise als Heldin oder Monster.

Einen nicht zu unterschätzenden Einfluss besaß der Film auch auf das Horrorgenre im Allgemeinen, vor allem das westliche. Sein Aufbau als ruhig beginnender Film, der nach der ersten Hälfte eine Wendung zu einem völlig gegensätzlichen Genre vollzieht, diente zum Vorbild für Werke des in der zweiten Hälfte der ersten Dekade des neuen Jahrtausends einsetzenden Booms des neuen Terrorkinos, neumodisch auch „Torture-Porn" genannt. Hier sind vor allem der amerikanische „Hostel" (2006) und der australische „Wolf Creek" (2005) zu nennen. „Hostel"-Regisseur Eli Roth nennt „Audition" sogar als einen seiner wichtigsten Einflüsse. Allerdings ist doch festzustellen, dass sich die Werke in Sachen Gewaltdarstellung erheblich voneinander unterscheiden. Miike arbeitete noch subtil mit Andeutungen, wogegen Roth erbarmungslos auf die Gewaltexzesse draufhielt. Die Diskrepanz zwischen harmlosem Beginn und drastischem Schluss erzielte eine nicht zu unterschätzende Wirkung auf die Zuschauer und das Genrekino. Obwohl „Audition" kein Horrorfilm im eigentlichen Sinn ist, hat er dem Genre dennoch seinen Stempel aufgedrückt.

Quellen:

- Morsch, Thomas: Zur Ästhetik des Schocks. In: Medienästhetik des Films. Verkörperte Wahrnehmung und ästhetische Erfahrung im Kino. Hrsg. von Thomas Morsch. München: Wilhelm Fink Verlag 2008, S. 231-256
- Scherer, Elisabeth: Spuk der Frauenseele. Weibliche Geister im japanischen Film und ihre kulturhistorischen Ursprünge. Bielefeld: transcript Verlag 2011.
- FILM-Konzepte 34: Takashi Miike. Hrsg. von Tanja Prokić. München: edition text + kritik im Richard-Boorberg-Verlag 2014, S. 48-61

BEI GRIN MACHT SICH IHR WISSEN BEZAHLT

- Wir veröffentlichen Ihre Hausarbeit, Bachelor- und Masterarbeit

- Ihr eigenes eBook und Buch - weltweit in allen wichtigen Shops

- Verdienen Sie an jedem Verkauf

Jetzt bei www.GRIN.com hochladen und kostenlos publizieren